생각과 감정을 **똑!** 소리 나게 표현하는 법
자기표현사전

생각과 감정을 똑! 소리 나게 표현하는 법
자기표현사전

2019년 3월 20일 초판 1쇄 발행
2022년 2월 25일 초판 3쇄 발행

글 | 박신식
그림 | 김정진

발행인 | 정동훈
편집인 | 여영아
편집 | 김상범
디자인 | 장현순
제작 | 김종훈
발행처 | ㈜학산문화사
등록 | 1995년 7월 1일 제3-632호
주소 | 서울 동작구 상도로 282 학산빌딩
전화 | 편집 문의 02-828-8873 영업 문의 02-828-8962
팩스 | 02-823-5109
홈페이지 | www.haksanpub.co.kr

ⓒ박신식, 김정진 2019
ISBN 979-11-348-1226-3 74810
ISBN 979-11-348-1223-2 (세트)

※KC마크는 이 제품이 공통안전기준에 적합하였음을 의미합니다.
※이 책은 저작권법에 따라 한국 내에서 보호받는 저작물이므로 무단 전재와 무단 복제를 금합니다.
 이 책의 전부 또는 일부를 이용하려면 반드시 저작권자와 출판사의 동의를 받아야 합니다.
※잘못된 책은 바꾸어 드립니다.

생각과 감정을 뚝! 소리 나게 표현하는 법

자기표현사전

채우리

| 머리말 |

자기의 생각과 감정을 표현하는 능력을 기르자!

많은 사람과 어울리면서 하고 싶은 말을 확실하게 하고

자신감 있고 적극적인 생활 태도를 기르기 위해서는

자기의 생각과 감정을 정확하게 말과 행동으로 표현하는

능력이 필요해.

그런 능력은 저절로 길러지는 것이 아니기 때문에

많은 연습을 통해 자기 것으로 만들어야 하지.

《자기표현 사전》은 가족, 친구, 학교, 사회에서 부딪히는 다양한 상황에서 어떤 말과 행동을 해야 자기 생각과 감정을 잘 표현할 수 있는지 알려 준단다. 상황에 알맞은 정확한 감정 표현이 인생을 바꿀 수도 있다는 것을 명심하렴.

| 차례 |

★ 가족 ★

1. 일어날 때와 자기 전에 · 8
2. 밥을 먹을 때 · 10
3. 집을 나서고 들어올 때 · 12
4. 부모님이 나가고 들어오실 때 · 14
5. 손님이 왔을 때 · 16
6. 장난감이 갖고 싶을 때 · 18
7. 인터넷 게임을 하고 싶을 때 · 20
8. 형제와 다툴 때 · 22
9. 부모님이 야단치실 때 · 24

★ 친구 ★

10. 친구와 만나고 헤어질 때 · 26
11. 친구와 대화하고 싶다면 · 28
12. 친구가 자기 말만 계속할 때 · 30
13. 친구랑 같이 놀고 싶다면 · 32
14. 친구와 부딪혔을 때 · 34
15. 친구가 놀리면 · 36
16. 친구와 약속을 주고받을 때 · 38
17. 친구에게 물건을 빌리거나 빌려줄 때 · 40
18. 친구들이 떠들면 · 42
19. 친구가 상을 탔을 때 · 44
20. 친구의 물건을 망가뜨렸을 때 · 46
21. 친구와 의견이 다를 때 · 48
22. 친구 병문안 갔을 때 · 50
23. 친구와 생일 초대장을 주고받을 때 · 52
24. 친구가 모르는 게 있으면 · 54
25. 친구 집에 방문할 때 · 56
26. 친구가 다른 친구와 놀지 말라고 할 때 · 58

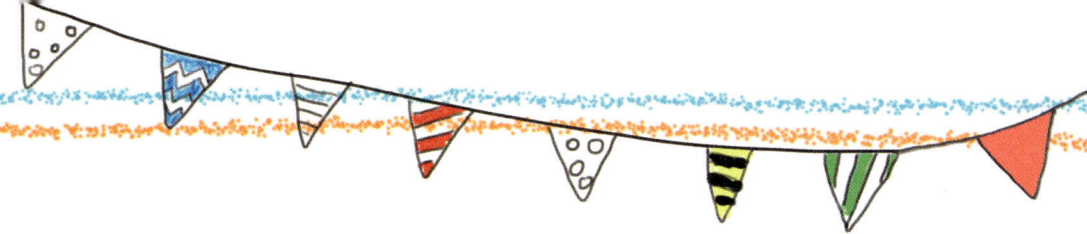

㉗ 친구가 차례를 안 지킬 때 · 60

㉘ 친구가 어려운 부탁을 할 때 · 62

㉙ 친구가 자꾸 반칙을 할 때 · 64

㉚ 친구들이 싸울 때 · 66

★학교★

㉛ 교장 선생님을 만났을 때 · 68

㉜ 선생님들을 만날 때 · 70

㉝ 수업 시간에 발표하고 싶다면 · 72

㉞ 선생님께 말을 걸고 싶다면 · 74

㉟ 화장실에 가고 싶을 때 · 76

㊱ 지각했을 때 · 78

㊲ 수업 시간에 아플 때 · 80

㊳ 조퇴하려고 할 때 · 82

㊴ 현장 체험 학습을 신청할 때 · 84

㊵ 급식실에서 · 86

㊶ 선생님 심부름을 할 때 · 88

㊷ 친구가 장난치자고 하면 · 90

㊸ 준비물을 놓고 왔을 때 · 92

★사회★

㊹ 이웃 어른을 만날 때 · 94

㊺ 전화를 걸고 받을 때 · 96

㊻ 선물을 받을 때 · 98

㊼ 어른이 길을 알려 달라고 하면 · 100

㊽ 혼자 있을 때 택배가 오면 · 102

㊾ 누군가 내 몸을 만지려고 하면 · 104

㊿ 길을 잃었을 때 · 106

일어날 때와 자기 전에

"안녕히 주무셨어요?"

일어날 때는 찡그린 얼굴로 이불을 뒤집어쓰고
"5분만 더 자면 안 돼요?" 하고 떼쓰다가
"안 돼!" 하는 잔소리 듣지 말고
환하게 웃으며 일어나 이불을 가지런히 개고
부모님께 "안녕히 주무셨어요?" 하면
"너도 잘 잤니?" 하는 상냥한 말을 들어.
저녁에 내가 먼저 잠을 잘 때는
"먼저 자겠습니다. 안녕히 주무세요."라고 인사하면
"그래. 잘 자라. 좋은 꿈 꿔!"라고 말해 주실 거야.

밥을 먹을 때

"잘 먹겠습니다."

아무 말도 없이

냠냠 쩝쩝 소리 내며 깨작깨작 먹지 말고

부모님이 수저를 먼저 드신 뒤

"잘 먹겠습니다." 하고

풀 반찬만 나오더라도 골고루 맛나게 먹어.

엄마가 "맛있니?" 하고 물으면

고개만 끄덕이지 말고

"너무 맛있어요. 역시 엄마 음식 솜씨 최고예요!"

다 먹은 뒤에는

"맛있게 잘 먹었습니다." 하고

수저와 그릇을 싱크대에 넣는 것도 잊지 말고.

집을 나서고 들어올 때

"학교 다녀오겠습니다."

학교에 갈 때는
"학교 다녀오겠습니다." 하고
바르게 인사하고,
집에 돌아오면
"학교 다녀왔습니다." 하고
바르게 인사해!
밖에 나갈 때는
"놀이터 다녀오겠습니다." 하고
구체적인 장소를 알려 드리고,
집에 돌아오면
"잘 다녀왔습니다." 하고
얼굴을 보며 인사해!

부모님이 나가고 들어오실 때

"안녕히 다녀오세요!"

부모님이 밖으로 나가신다면

반드시 현관이나 대문까지 나가서

"아빠 엄마, 안녕히 다녀오세요!" 하고

밝은 얼굴로 공손하게 인사하며 자신의 마음을 표현해.

어른이 일을 마치고 들어오실 때는

소파나 방 안에 앉아서 인사하지 말고

반드시 현관이나 대문에 나가서

"아빠 엄마, 안녕히 다녀오셨어요?" 하고

밝은 얼굴로 공손하게 인사하며 자신의 마음을 표현해.

손님이 왔을 때

"어서 오세요!"

수줍다고 엄마 치마폭을 붙잡지 말고,

신난다고 평소보다 버릇없이 굴지 말고,

할 말이 없다고 멀뚱멀뚱 쳐다만 보지 말고,

현관 앞까지 나와서

"안녕하세요!",

"어서 오세요!"

반갑게 맞이해야 해.

가실 때는 현관 앞까지 나와서

"안녕히 가세요!",

"다음에 또 오세요!"

웃으며 배웅해야 해.

장난감이 갖고 싶을 때

"이 장난감 꼭 갖고 싶었는데 사 주시면 안 되나요?"

"엄마, 저거 사 줘!" 하고 드러누워

떼쓰거나 울지 말고

"안 사 주면 집에 안 갈 거야."

고집을 부리다가 엄마 잃은 미아가 되지 말고

"이 장난감 꼭 갖고 싶었는데 사 주시면 안 되나요?"

얌전하게 물어봐.

사 주시면 좋지만 "안 돼!", "다음에 사자!"라고 하시면

"그럼 다음에 꼭 사 주세요!"라고 참을성을

보여 주는 게 좋아.

인터넷 게임을 하고 싶을 때

"숙제 다 하면 30분만 게임을 해도 되지요?"

컴퓨터나 핸드폰으로 인터넷 게임을 하고 싶다면

무조건 하고 싶다고 고집 피우다

컴퓨터 비밀번호를 만들게 하지 말고

못하게 했다고 짜증 부리다 핸드폰 빼앗기지 말고

"숙제 다 하면 30분만 게임을 해도 되지요?",

"1시간 책을 읽고 나서 30분만 게임을 할게요." 라고

내가 해야 할 일을 한 뒤

사용 시간을 지키겠다고 해 봐!

물론 그 약속은 꼭 지켜야 다음에도 할 수 있겠지?

형제와 다툴 때

"서로 화가 난 이유를 말해 보는 건 어때?"

형제(자매)와 가끔 화를 내고 다툴 때가 있어.
짜증 부리고 화내고 싸우기 전에
심호흡을 두세 번 한 뒤, 동생과 다투는 거라면
"나도 너처럼 화가 나지만 꾹 참으려고
노력하잖아?",
"서로 화가 난 이유를 말해 보는 건 어때?"
라고 달래 보는 것은 어떨까?
형(누나)이나 언니(오빠)와 다투는 거라면
"형도 힘으로 장난감을 빼앗기면 어떤 기분일까?",
"우리가 욕하고 싸운다고 이 문제가 해결될까?" 라고
멋지게 자기표현을 해 보는 것은 어떨까?

부모님이 야단치실 때

"잘못했습니다."

잘못해서 야단을 맞을 때는
인상 팍팍 쓰며 묻는 말에 꼬박꼬박 대답해서
말대꾸한다며 계속 야단맞지 말고
슬쩍 부모님 팔짱을 끼고 웃으며
"잘못했습니다.",
"다음에는 조심하겠습니다." 하고
잘못을 바로 인정하고 사과하는 한마디로
부모님 마음을 풀어 드려!
내가 잘못해서 야단맞을 때는
부모님이 나를 미워한다고 생각하지 말고
바로 사과하는 게 최고야.

친구와 만나고 헤어질 때

"반가워! 앞으로 사이좋게 지내자."

친구를 처음 만나면

활짝 웃는 얼굴로 손을 흔들며 먼저 인사해!

"안녕?"

먼저 이름을 불러 주면 더 좋아!

"진호야, 반가워! 앞으로 사이좋게 지내자."

친구를 또 만나면

'어제도 했으니까 안 해도 되겠지?'

이렇게 귀찮아하지 말고

활짝 웃는 얼굴로 손을 흔들며 먼저 인사해!

"안녕?"

친구와 헤어질 때는

"안녕! 내일 또 만나자!" 하고 손을 흔들어 줘.

친구와 대화하고 싶다면

"넌 어떻게 생각하니?"

"넌 참 친절한 것 같아."

친구의 좋은 점을 말해 주고,

"넌 책 읽기를 좋아하는구나?"

친구가 좋아하는 것을 말해 주고,

"넌 글씨를 참 잘 쓰는구나!"

친구가 잘하는 것을 말해 주며 관심을 보여 줘!

"나는 장난감 자동차 좋아해. 너는?",

"넌 뭘 싫어해?"

더 알고 싶은 것이나 궁금한 것을 물어보고

"넌 어떻게 생각하니?" 하고

친구의 생각을 물어봐!

친구가 자기 말만 계속할 때

"듣는 것도 잘하면 더 좋을 거야."

친구가 자기 이야기만 계속하고
내 이야기를 들어주지 않는다고?
"네 이야기 참 재미있구나.
이번에는 다른 이야기를 해 볼까?" 하고
네가 하고 싶은 이야기를 꺼내 봐.
그래도 안 되면
"너는 말을 참 잘하는 것 같아.
하지만 듣는 것도 잘하면 더 좋을 거야."라고 말해 줘.
대화는 어느 한쪽만 말하는 게 아니라
서로 주고받는 거니까.

친구랑 같이 놀고 싶다면

"우리와 함께 놀자!"

친구와 놀고 싶다면

"그 장난감 나도 한번 가지고 놀면 안 될까?",

"내가 한번 해 봐도 돼?"

이렇게 말하며 먼저 다가가서 봐!

친구와 놀고 있을 때

다른 친구가 놀고 싶어 기웃거린다면

"너도 같이할래? 여럿이 하면 더 재미있을 거야.",

"우리와 함께 놀자!" 하고 먼저 다가가.

친구가 놀 시간이 없다고 하면 속상해하지 말고

"그래? 그럼 다음에 꼭 같이 놀자!" 하고 다음을 약속해!

친구와 부딪혔을 때

"괜찮아? 다치지 않았니?"

친구가 달리다 나와 부딪혔다면

"너는 눈도 안 달고 다니니?",

"잘 좀 보고 다녀!" 하며 탓하지 말고

"괜찮아? 다치지 않았니?"라고 물은 뒤

"다음부터는 조심해!"라고 말해 주는 거야.

내가 달리다 친구와 부딪혔다면

"왜 길을 막고 그래?",

"일부러 그런 거 아니거든." 하며 탓하지 말고

"미안해! 다치지 않았니?"라고 물은 뒤

"다음부터는 조심할게!"라고 말하는 거야.

친구가 놀리면

"친구를 놀리는 건 유치한 짓이야."

친구가 "바보야!" 하고 놀린다고
무조건 "하지 마!" 하지 말고
"너도 바보야!"라고 대꾸하지 말고
"난 바보가 아니야. 그렇게 말하지 않았으면 좋겠어.",
"바보라고 하는 사람이 바보가 되는 건데!"라고 말하거나
'네가 뭐라 해도 난 아무렇지도 않아!' 하고 못 들은 척
무시해.
혹시, 내가 놀려 친구의 마음을 아프게 했다면
"내가 잘못했어. 앞으로는 놀리지 않을게."라고
정확하게 말해 줘야 해.
말은 친구에게 상처를 주려고 하는 게 아니니까.

친구와 약속을 주고받을 때

"부모님께 먼저 여쭈어보고 알려 줄게."

친구와 약속을 정할 때는
"부모님께 먼저 여쭈어보고 알려 줄게." 하고
약속을 정해!
내가 약속을 지키지 못했을 때는
"미안해! 다른 일 때문에 약속을 지킬 수 없게 됐어." 하고
약속을 어기게 된 이유를 정확하게 설명하고
"정말 미안해! 다음에는 꼭 약속을 지킬게." 하고 약속해!
친구가 약속을 어겼을 때는
"앞으로 너랑 같이 안 놀 거야!" 하며
속 좁은 아이가 되지 말고
"다음에는 꼭 약속을 지켜 줬으면 좋겠어." 하며
친구의 사정을 이해하도록 노력하고 용서해!

친구에게 물건을 빌리거나 빌려줄 때

"이것 좀 빌려 쓰면 안 될까?"

친구의 물건을 빌릴 때 "야! 이거 쓸게." 하고
허락도 없이 쓰지 말고 정중하게 말해!
"이것 좀 빌려 쓰면 안 될까?"
빌려주면 "고마워. 잘 쓸게!"
다 쓴 뒤에는 "잘 썼어. 빌려줘서 고마워."라고
감사하는 마음을 표현해!
친구가 물건을 빌릴 때
"싫어. 쓰지 마!" 하고 신경질 내지 말고
"준비를 못한 모양이구나? 같이 쓰자." 하고
친절하게 말해!

친구들이 떠들면

"조용히 좀 해 줄래?"

교실이나 도서관에서 친구들이 떠들면

"시끄러워!" 하고 소리쳐 짜증 내지 말고

"조용히 좀 해 줄래? 내가 공부하는 데 방해가 되거든.",

"얘들아, 책을 읽고 있으니 조용히 좀 해 줄래?" 하고

조용히 말해!

친구가 떠들지 말라고 말한다면

"우리가 노는 데 네가 왜 간섭이야?"라고 대꾸하지 말고

"미안해! 조용히 하도록 노력할게!" 하고 조용히 말해!

친구가 상을 탔을 때

"잘했어. 네가 자랑스러워!"

친구가 상을 받게 되면

'운이 좋아서 그런 거지. 뭐!'

'내가 더 잘한 것 같은데…….' 하며

내가 못 받았다고 삐치거나 시기하지 말고

'나도 다음에 상을 받도록 열심히 해야지!'라고 생각하며

"잘했어. 네가 자랑스러워!"라고

기쁜 마음으로 말해 줘.

상을 못 받아 친구가 속상해한다면

"힘내! 다시 하면 되잖아. 넌 할 수 있어." 하고

위로와 격려를 표현해 줘!

친구의 물건을 망가뜨렸을 때

"실수로 떨어뜨려 망가졌어. 정말 미안해!"

친구 물건을 쓰다가 망가뜨렸다면
"실수로 떨어뜨려 망가졌어. 정말 미안해!",
"일부러 그런 게 아니야! 미안해!" 하고
솔직하게 말하고 사과해.
친구가 내 물건을 쓰다가 망가뜨렸다면
"똑같은 걸로 물어내!" 하고
다그치거나 엉엉 울기만 하지 말고
"네가 내 물건을 망가뜨려서 속상해!",
"괜찮아. 놀다 보면 그럴 수도 있지." 하고
솔직하게 마음을 표현해.

친구와 의견이 다를 때

"너는 그렇게 생각할 수도 있겠구나."

친구와 의견이 다를 때
"네 생각은 틀렸어!",
"그냥 내 말대로 해!" 하고
소리 높이고 자기주장만 고집하거나
대화가 안 통한다고 그만두지 말고
"너는 그렇게 생각할 수도 있겠구나.",
"너랑 나랑 생각이 다르구나.
그럼 어떻게 하는 게 좋을까?" 하고
정중하게 말해 봐.

친구 병문안 갔을 때

"빨리 건강해졌으면 좋겠어."

친구 병문안 갔을 때

"괜찮니? 아파서 많이 속상하지?"

친구의 안부를 물어보고

"빨리 건강해졌으면 좋겠어.",

"얼른 나아서 같이 놀자." 하고 말해 줘.

친구가 병문안을 왔다면

"와 줘서 정말 고마워! 빨리 나을게.",

"걱정해 줘서 고마워. 이렇게 걱정해 주니 힘이 난다.",

"너도 다치지 않게 조심해." 하고

고마움을 표현하는 거 잊지 말고.

친구와 생일 초대장을 주고받을 때

"네가 꼭 와 줬으면 좋겠어."

내 생일에 초대하고 싶다면 초대장을 주고
"네가 꼭 와 줬으면 좋겠어. 시간 내서 올 거지?" 하고
초대하는 마음을 정확하게 표현해야 해.
생일 초대장을 받았다면
"소중한 내 친구, 생일 축하해!
초대해 줘서 고마워. 그날 꼭 갈 수 있도록 할게." 하고
감사의 마음을 전해!
생일 초대장을 받았지만 갈 수 없다면
"생일 축하해! 그런데 그날 우리 집 행사 때문에
참석할 수 없어. 미안해!" 하고
친구가 이해할 수 있도록 이유를 정확하게 말해.

친구가 모르는 게 있으면

"그건 내가 조금 아니까 가르쳐 줄게."

친구가 모르는 게 있어 알려 달라고 하면
"그건 내가 조금 아니까 가르쳐 줄게." 하고
친절하게 말해 줘.
내가 모르는 게 있을 때는
'날 무시하면 어떡하지?' 하며 망설이지 말고
처음부터 모든 것을 아는 사람은 없잖아?
잘 모르는 것을 그냥 넘어가는 것보다
"이거 잘 모르겠는데 가르쳐 주지 않을래?" 하고
당당하게 물어봐!
모르는 것을 물어보는 것도 용기니까.

친구 집에 방문할 때

"안녕하세요. ㅇㅇ이 친구 ㅇㅇㅇ이라고 합니다."

친구 집에서 놀고 싶을 때,
초대를 한 친구는
"엄마, ○○이와 집에서 ○시까지 놀고 싶은데
데리고 와도 되나요?" 하고 엄마에게 물어보고
초대를 받은 친구는
"엄마, ○○이 집에서 ○시까지 놀고 싶은데
놀고 와도 되나요?"라고 허락을 받은 뒤
정해진 시간까지만 놀아야 해.
친구 집에 처음 방문했을 때는
쑥스럽다고 친구 방에 쏙 들어가지 말고
"안녕하세요. ○○이 친구 ○○○라고 합니다." 하고
자기소개를 하며 고개 숙여 인사해야 해.

친구가 다른 친구와 놀지 말라고 할 때

친한 친구가 다른 친구와 다툰 뒤
그 친구와 놀지 말라고 하면
"왜 그러는데?" 하고 물어 이유를 들은 뒤
"놀지 않겠다고 마음먹었을 수도 있겠구나." 하고 말하고
"하지만 네가 그 아이의 입장이라면 기분이 어떻겠니?" 하고
따돌림이 좋지 않은 것임을 말해 줘야 해.
만약, 누군가 나를 따돌린다는 느낌이 들 때는
고개를 숙이고 움츠리지 말고
눈을 똑바로 마주하며 "하지 마!"라고 정확하게 말해!
따돌림은 놀이나 장난이 아니니까.

친구가 차례를 안 지킬 때

"너도 차례를 지켜 줬으면 좋겠어."

놀이기구를 타거나

화장실이나 급식실에서 줄을 서 있을 때

차례를 안 지키고 새치기를 하는 친구가 있다면

"우리가 먼저 왔으니까 차례를 지켜 주지 않겠니?",

"너도 차례를 지켜 줬으면 좋겠어." 하고

정확하게 표현해야 해.

혹시, 자기도 모르게 새치기를 했다면

"미안해! 잘 몰랐어. 앞으로는 차례를 잘 지킬게." 하고

미안함을 표현해야 하지.

"나만 좋으면 돼!" 하는 친구는

아무도 도와주지 않으니까.

친구가 어려운 부탁을 할 때

"도움이 되지 못해 미안해!"

친구가 들어줄 수 없는 어려운 부탁을 한다면
짜증 내거나 갈등하거나 친구 사이가 멀어질까
두려워 말고
"가능하면 도와주고 싶지만 그 일은 힘들 것 같아.",
"도움이 되지 못해 미안해!" 하고
거절할 줄 알아야 해. 그리고 얼마 지난 후에
"그때 그 문제는 잘 해결했니?",
"그 문제는 어떻게 되고 있어?" 하고
관심을 보여 주는 것만으로도 좋아.
부탁을 거절한다고 해서 좋은 사람이 아닌 게 아니고
부탁을 거절한다고 친구 관계가 끝나는 게 아니니까.

친구가 자꾸 반칙을 할 때

"규칙은 반드시 지켜야 하는 거야."

게임을 할 때 이기고 싶어서
친구가 자꾸 반칙을 한다면
"너하고는 게임 안 해!" 하고 화내지 말고
"게임을 할 때는 반칙을 해서 이기는 것보다는
지는 게 낫지.",
"규칙은 반드시 지켜야 하는 거야." 하고
친구의 마음을 이해하고 승부와 상관없이 게임을 즐겨 봐.
게임에서 졌을 때
"게임에서 진 것은 아쉽지만 즐거웠어." 하고
당당하게 말하는 모습을 보여 주는 것도 좋지.

친구들이 싸울 때

"너희 둘이 싸우는 게 마음이 아파!"

친구들이 싸울 때

"누가 이기나, 싸워라! 싸워라!" 하고

싸움을 부추기거나 어느 한쪽 편을 들지 말고

"왜 이렇게 화가 나서 싸운 거야?" 하고

친구들의 이야기를 들어줘.

"나는 너희 둘이 싸우는 게 마음이 아파!

누군가가 먼저 양보하고 사과하면 좋겠는데……." 하고

내 마음을 표현해 줘.

그렇게 서로 화해할 수 있으면 좋겠지만

그렇지 못하면 서로를 떼어 놓기라도 해야 해.

교장 선생님을 만났을 때

"교장 선생님, 안녕하세요!"

등굣길에 교장 선생님을 만나면
'나를 모르니까 인사를 안 해도 되겠지?'라며
고개를 푹 숙이고 투명인간처럼 지나가지 말고
"교장 선생님, 안녕하세요!" 하고
씩씩하게 인사해!
그런데 또 복도에서 마주쳤다면
'한 번 했으니까 안 해도 되겠지?'라며
그냥 지나가지 말고 걸음을 잠깐 멈춘 다음
밝은 표정으로 가볍게 목례를 하고 가요.

선생님들을 만날 때

"선생님, 안녕하세요!"

교실에 들어갈 때 선생님을 만나면

선생님이 쳐다보지 않는다고 조용히 앉지 말고

"선생님, 안녕하세요!" 하고 크게 인사해.

그리고 학교에서 생활하다 보면

여러 선생님들을 만나게 되지.

그럴 때는 "안녕하세요!", "안녕하십니까?" 하면서

인사를 하거나 걸음을 잠깐 멈추고 가볍게 목례를 해.

수업이 끝나고 선생님과 헤어질 때는

"선생님, 안녕히 계세요!" 하고

씩씩하게 인사해야지.

수업 시간에 발표하고 싶다면

"제가 발표하겠습니다."

발표할 기회가 있을 때는 불안해하거나 쑥스러워하지

말고 "제가 발표하겠습니다." 하며 손을 들고

또박또박 우렁찬 목소리로 발표해 봐!

손을 들지 않았는데도 선생님이 시켰을 때는

당황하지 말고 정확한 답이 아니어도

"저는 이렇게 생각합니다." 하고 아는 대로 말하거나

모를 때는 "죄송합니다. 잘 모르겠습니다." 하고

솔직하게 말하는 게 좋아.

궁금한 것이 있으면

"선생님, 00에 대해 알려 주세요." 하고

부탁하는 표현을 하면 좋아.

선생님께 말을 걸고 싶다면

"선생님, 웃으실 때 정말 좋아요."

"호철이가 복도에서 뛰었어요.",
"민수가 장난감 가져왔어요."라고
고자질하지 말고 다정하게 물어봐!
"선생님, 어떤 음식 좋아하세요?"
다정하게 칭찬해 봐!
"선생님, 오늘 입은 옷이 참 예뻐요.",
"선생님, 오늘 좋은 일 있으셨어요?",
"선생님, 웃으실 때 정말 좋아요."
선생님이 뭐라고 대답할지 궁금하지?

화장실에 가고 싶을 때

"선생님, 화장실에 다녀와도 될까요?"

보통 쉬는 시간에 화장실에 가는데

수업 시간에 급하게 화장실에 가고 싶을 때도 있어.

친구들에게 놀림이라도 받을까

수업에 방해될까 참아서 병 만들지 말고

손을 번쩍 들고

"선생님, 화장실에 다녀와도 될까요?",

"선생님, 화장실에 가고 싶어요." 하고 물어서

허락을 받은 뒤 다녀와!

"다음부터는 쉬는 시간에 가도록 하겠습니다."라고

말해도 좋아.

지각했을 때

"앞으로는 지각하지 않겠습니다."

수업이 시작된 후에 교실에 들어가는 것이 지각이야.

보통 때는 그런 일이 없지만

간혹 늦잠을 자거나, 병원에 다녀오는 일로

지각하는 경우가 있어.

지각하기 전에 선생님께 미리 알려 주면 좋지만

그렇지 못했을 때는 조용히 들어가서

"늦잠을 자느라 늦어서 죄송합니다.

앞으로는 지각하지 않겠습니다."

"병원에 다녀오느라 늦어서 죄송합니다." 하고

지각한 이유를 정확하게 알려 주며

죄송함을 나타내는 게 좋아.

수업 시간에 아플 때

"선생님, 머리가 아파요."

학교생활을 하다 보면

감기에 걸렸을 때 머리가 지끈지끈 아프거나,

종이에 손을 베어서 피가 나거나,

책상 모서리에 부딪혀 다칠 수도 있어.

"선생님, 머리가 아파요.",

"선생님, 넘어져서 다리가 아파요." 하고

아픈 부분을 정확하게 말하고

보건실에 갈 수 있어야 해.

혼자 갈 수 없을 때는

"친구랑 같이 가도 괜찮을까요?" 하고 말해야 하지.

그렇다고 재미로 자주 보건실에 가는 건 좋지 않아.

조퇴하려고 할 때

"선생님, 죄송하지만 부모님께 연락해 주세요."

수업을 마치기 전에 집으로 돌아가는 것이 조퇴야.

간혹 몸이 아파 빨리 병원에 가야 하거나

집안일로 일찍 가는 경우에 조퇴를 하게 되지.

조퇴도 지각처럼 선생님께 미리 알려 주면 좋지만

갑자기 아픈 경우는 그럴 수 없잖아?

아플 때는

"선생님, 배가 아파서 조퇴하고 병원에 가야 할 것

같습니다. 죄송하지만 부모님께 연락해 주세요." 하고

선생님께 부모님과의 연락을 부탁드리고 조퇴해.

현장 체험 학습을 신청할 때

"가족과 함께 현장 체험 학습을 가기로 했습니다."

현장 체험 학습은 미리 현장 체험 학습 신청서를 내야
출석으로 처리할 수 있어.

현장 체험 학습 신청서를 내면서

"우리 엄마가 이거 내라고 했어요."라고 말하지 말고

현장 체험 학습 신청서를 낼 때는

"선생님, 0월 0일부터 0일까지 제주도로

가족과 함께 현장 체험 학습을 가기로 했습니다." 하고

말해 봐.

현장 체험 학습을 다녀와서는

"선생님, 건강하고 재미있게 잘 다녀왔습니다." 하고

현장 체험 학습 보고서를 내는 거야.

급식실에서

"저는 오늘 밥을 조금만 주세요."

급식실에서 밥을 먹을 때,
밥이 너무 많은 날에는
"저는 오늘 밥을 조금만 주세요."
반찬이 적을 때는
"○○ 반찬을 좋아해요. 조금 더 주실 수 있나요?"
알레르기가 있는 음식 있다면
"저는 ○○○에 알레르기가 있어서 먹지 못해요."라고 말해.
급식을 먹기 전에 "감사히 잘 먹겠습니다." 하고
급식을 다 먹은 뒤에는 "잘 먹었습니다." 하고
정해진 곳에 급식판과 수저를 따로 정리해야 하지.

선생님 심부름을 할 때

"선생님께서 이걸 전해 달라고 하셨습니다."

교무실, 학습 준비실 등 심부름을 하러 가게 되면
어디서 왔냐고 물어보기 전에
"안녕하세요. 저는 1학년 0반 000입니다." 하고
먼저 인사해. 또 무슨 일로 왔는지 물어보기 전에
"학습 준비실에 색종이 10묶음을 가지러 왔습니다.",
"선생님께서 이걸 전해 달라고 하셨습니다." 하고
용건을 말한 뒤 일이 끝나면
"감사합니다. 안녕히 계세요." 하고
교실로 돌아가.

친구가 장난치자고 하면

"수업 시간에는 장난 좀 걸지 마!"

수업 시간에 친구가 장난치자고 하면

스릴 있다고 좋아하지 말고

"수업 시간에는 장난 좀 걸지 마! 쉬는 시간에 놀자. 응?"

하고 확실하게 표현해야 해!

쉬는 시간에 친구가 장난치자고 하면

받아 줄 수 있는 장난은 함께해도 좋지만

그렇지 않은 장난을 할 때는

"장난 때문에 기분이 별로 안 좋으니까,

장난하지 말아 줘!"라고 분명히 이야기해야 하지.

준비물을 놓고 왔을 때

"죄송합니다. 준비물을 집에 두고 왔어요."

알림장에 적어 준 준비물을 놓고 왔을 때

"엄마가 안 챙겨 줬어요."라며 부모님 탓을 하지 말고

"죄송합니다. 준비물을 집에 두고 왔어요.",

"깜빡 잊고 챙기지 못했습니다.

다음에는 잘 챙기겠습니다." 하고 말하는 게 좋아.

친구와 함께 쓸 수 있는 준비물이라면

"○○야, 내가 준비물을 놓고 왔는데 함께 쓸 수 있을까?",

"○○야, 내가 준비물을 안 가져왔는데 조금 빌릴 수

있을까?" 하고 부탁의 말을 해.

이웃 어른을 만날 때

"안녕하세요? 저는 000동 000호에 살아요."

앞집이나 옆집에 사는 이웃 어른을 만나게 되면
"안녕하세요?" 하고 먼저 인사해.
처음 만나는 사이라면
"안녕하세요? 저는 000동 000호에 살아요." 하고
자기를 먼저 소개해야 하지.
이름은 먼저 알려 주지 않고
물어볼 때 가르쳐 주는 것이 좋아.
멀리서 아는 이웃 어른을 봤다면 그냥 모른 척
지나치지 말고 멀리서라도 가볍게 목례를 하거나
손을 들어 반갑다는 표시를 하는 것도 좋아.

전화를 걸고 받을 때

"저는 ○○이 친구 ○○라고 합니다."

대뜸 "○○이 바꿔 주세요." 하지 말고
"여보세요? ○○이네 집이지요? 안녕하세요?
저는 ○○이 친구 ○○라고 합니다. ○○이와
통화할 수 있을까요?" 하고 자기소개를 해야 해!
혹, 친구가 없다면 "안녕히 계세요." 하고
인사를 한 뒤 상대방이 먼저 끊은 뒤에 끊어야 하지.
전화를 받을 때
다른 사람을 찾으면 친절하게
"잠시만 기다려주세요." 하고 말한 뒤 바꿔 줘야 해.
실수로 잘못 걸었을 때는 무작정 끊지 말고
"죄송합니다. 전화를 잘못 건 것 같습니다." 하고
사과를 한 뒤 끊어야 해.

선물을 받을 때

"고마워! 잘 쓸게."

친구에게 선물을 받을 때
환하게 웃으며 "고마워! 잘 쓸게."라고 말해 줘!
어른이 선물을 주시면
"고맙습니다. 잘 쓰겠습니다." 하고
양손으로 정중하게 받아야 해.
그런데 놀이터나 길거리에서 모르는 사람이
장난감을 선물해 준다면
"그런 것은 부모님이 사 주시는 거예요.",
"갖고 싶지 않아요."라고
말할 수 있어야 해.

어른이 길을 알려 달라고 하면

"죄송하지만 저는 잘 모르니까 묻지 마세요."

길거리에서 어른이 길을 알려 달라고 하면
"오른쪽으로 가시면 나와요." 하고
그 자리에서 말해 줄 수 있는 것만 알려 주고
잘 모를 때는
"죄송하지만 저는 잘 모르니까 묻지 마세요." 하고
당당하게 말하고 미안한 마음을 안 가져도 돼.
굳이 어른이 함께 가서 알려 달라고 하면
절대로 함께 가면서 알려 주지 말고
"저는 모르니까 다른 어른들에게 물어보세요.",
"자꾸 말 시키시면 부모님께 연락할 거예요." 하고
당당하게 말하고 자리를 피해야 해.

혼자 있을 때 택배가 오면

"어른이 계시지 않으니까 다음에 오세요."

혼자 있을 때 택배라고 초인종을 누르면
두근거리는 심장을 누르며 가만히 숨바꼭질을 해!
그래도 자꾸 누르거나 인터폰을 받았다면
"지금은 부모님이 안 계셔서 문을 열어 드릴 수 없으니
문 앞에 놓고 가시거나 경비실에 맡겨 주세요." 하고
정확하게 말해야 해!
혹시, 얼굴을 아는 이웃이 초인종을 누르면
놀라지 말고 엄마에게 먼저 전화를 걸어야 하지.
그래도 자꾸 누른다면
미안하거나 죄송한 마음 갖지 말고
"엄마와 통화 후에 열어 드릴게요." 하고
정확하게 말해야 해!

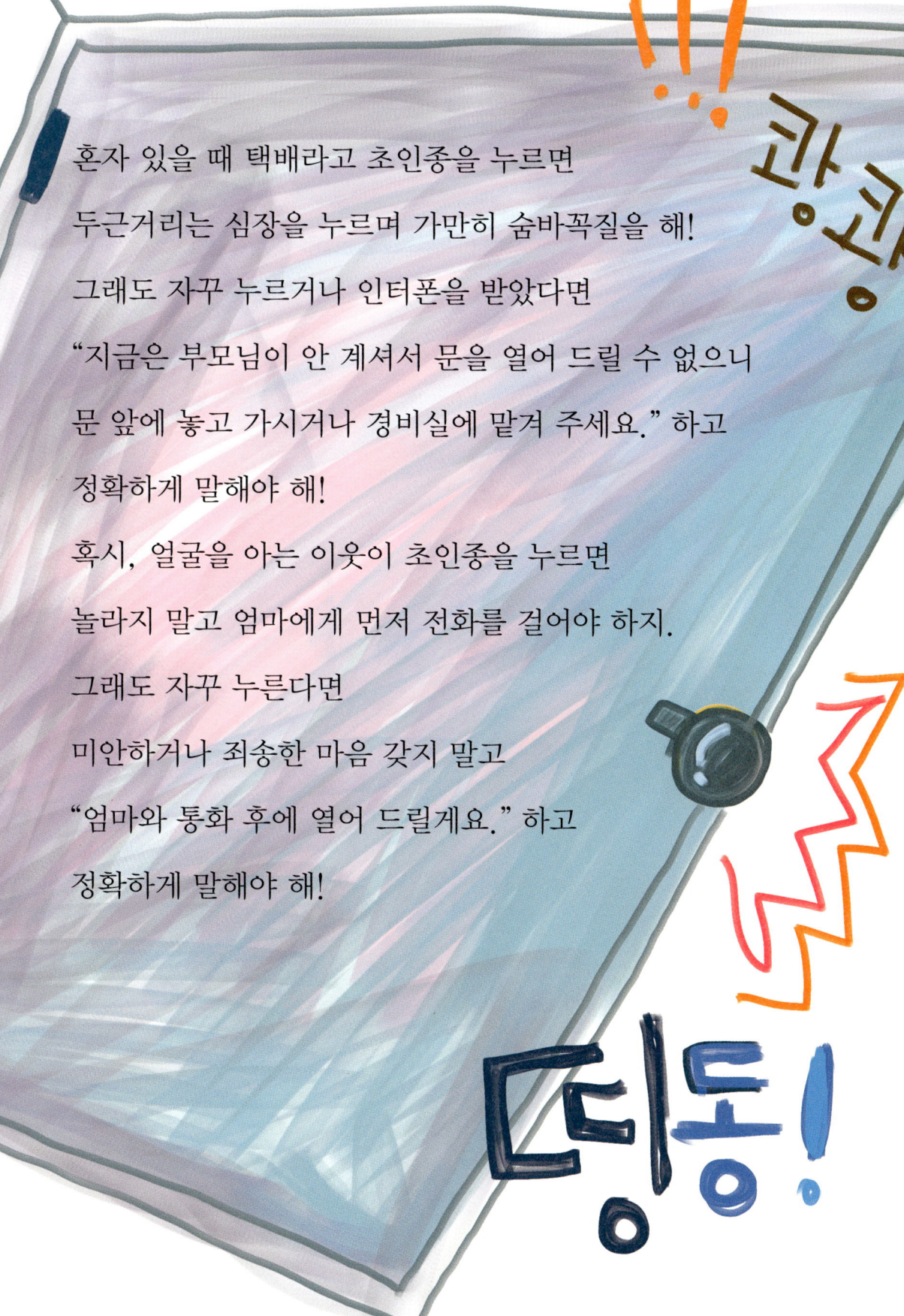

세상에는 아름답지 못한 사람들도 가끔 있어.
모르는 사람이 내 몸을 만지려고 하면
"내 몸에 손대는 것이 싫어요!",
"안 돼요! 하지 마세요!",
"도와주세요!" 하고 크게 소리쳐야 해.
아는 사람이라도 내 몸을 만지는 게 싫다면
"내 몸은 내 거예요.",
"자꾸 만지면 부모님께 말할 거예요." 하고
크게 외칠 수 있어야 하지.
무서울 때 소리를 지르는 것은 창피한 게 아니니까.

길을 잃었을 때

"제가 부모님과 헤어졌는데 연락 좀 해주세요."

부모님과 함께 가다 부모님과 떨어졌다면
당황하지 말고 이름과 전화번호를 생각하며
그 자리에서 기다려야 해.
기다려도 부모님과 만나지 못하면
"제가 부모님과 헤어졌는데 연락 좀 해주세요." 하고
경찰이나 아이를 데리고 있는 아주머니에게 도움을
요청해.
병원이나 학원을 찾아가다 길을 잃었을 때는
무작정 찾아 헤매지 말고
"제가 OO 병원을 찾다 길을 잃었는데 도와주세요." 하고
구체적으로 도움을 요청해.

경제를 놀이처럼 쉽고 재미있게!
스마트한 세 살 경제 습관이 여든 간다!

아빠가 알려 주는 경제 이야기

부자가 되고 싶다고요?
자유롭게 돈을 쓰면서 살고 싶다고요?
《태토의 부자 되는 시간》에는
부자가 되는 비밀이 들어 있어요!
똑똑한 경제 동화가 미래의 나를
부자로 만들어 줄 거예요!

어른도 아이도 재미있는 경제보드게임
미래의 부자를 꿈꾸며 재미있는 게임 한 판!

신비아파트 학습 보드게임

카드 게임도 하고
속담, **고사성어**, **국기**도 익히고!

www.haksanpub.co.kr (주)학산문화사 문의 02-828-8962